IRIDO-CHOROÏDITE

D'ORIGINE UTÉRINE

PAR

Les Drs VIGNES et BATUAUD

(Note à l'Académie de médecine de Paris, 16 Juin 1896)

PARIS

LIBRAIRIE MALOINE

PLACE ET RUE DE L'ÉCOLE-DE-MÉDECINE, 21, 23, 25

1896

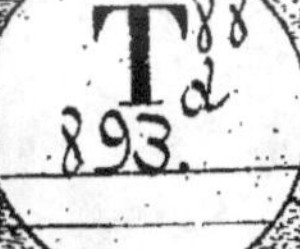

Principales publications du Dr BATUAUD

Les hémorrhagies dans le cas de tumeurs fibreuses de l'Utérus, l'endométrite, cause de ces hémorrhagies, et leur traitement par le curettage. In-8° de 134 p. avec fig. Paris, 1891, Steinheil.

Des applications thérapeutiques de la cocaïne en gynécologie. *Revue des maladies des femmes*, avril 1885.

A propos de deux cas de fistule vulvo-rectale. *Id.*, mai 1887.

Des troubles gastriques et en particulier des vomissements d'origine génitale, chez la femme, en dehors de la grossesse. *Id.*, avril 1888.

Des abus de la castration chez la femme. *Id.*, août 1889.

Les indications du raclage de l'utérus. *Id.*, septembre 1889.

Le crayon de chlorure de zinc dans le traitement des endométrites ; parallèle avec le curetage de la cavité utérine. *Id.*, février 1890.

Quelques observations d'atrésies utérines à la suite de l'emploi des crayons de chlorure de zinc dans le traitement des endométrites. *Id.*, septembre 1890.

L'ablation des annexes est-elle utile au point de vue de la guérison de l'hystéro-épilepsie ? Observation. *Id.*, nov. 1889.

L'influence du traitement des cystites sur les pyélo-néphrites, comparée à celle du traitement de l'endométrite sur les salpingites. *Id.*, octobre 1890.

Note clinique sur l'emploi de l'hydrastis canadensis dans les congestions hémorrhagipares de l'utérus. *Id.*, janvier 1891.

Sur un cas d'hystéropexie abdominale pour rétroversion utérine. (Communication faite à la Société médicale de l'Elysée). *Id.*, avril 1892.

Guérison de l'incontinence d'urine, chez la femme, par la méthode de Thure-Brandt. *Id.*, juin 1892 et juillet 1894.

Séméiologie et traitement des grandes névralgies pelviennes. (Communication faite à la Société médicale de l'Elysée). *Id.*, janvier 1893.

Traitement du prolapsus utérin. *Id.*, févr. et mars 1894.

Dilatateur antéro-postérieur et curettes latérales du Dr Batuaud. *Id.*, juin 1893.

De l'emploi d'une nouvelle tige intra-utérine pour faciliter la réduction nouvelle des rétro-déviations. (Association française pour l'avancement des sciences, session de Caen, août 1894).

EN COURS DE PUBLICATION

CHÉRON et BATUAUD : **Technique thérapeutique des maladies des femmes.** *Revue des maladies des femmes*, 1895 et 1896.

IRIDO-CHOROÏDITE

D'ORIGINE UTÉRINE

PAR

Les Drs VIGNES et BATUAUD

(*Note à l'Académie de médecine de Paris, 16 Juin 1896*)

PARIS

LIBRAIRIE MALOINE

PLACE ET RUE DE L'ÉCOLE-DE-MÉDECINE, 21, 23, 25

1896

Drs VIGNES et BATUAUD

IRIDO-CHOROÏDITE

D'ORIGINE UTÉRINE [1]

Irido-choroïdite plastique à poussées menstruelles. — Endométrite chronique à staphylocoques. — Amélioration rapide et durable de l'irido-choroïdite à la suite du curettage utérin.

Il n'est plus possible, actuellement, de mettre en doute l'existence de choroïdites suppuratives liées à l'infection puerpérale aiguë et qui sont admises au même titre que les choroïdites liées aux pyohémies et aux pyrexies infectieuses.

Mais, si ce point est désormais acquis, l'attention n'a guère été attirée sur l'influence que peuvent avoir, sur l'appareil de la vision, les infections utérines chroniques.

L'observation que nous avons l'honneur de soumettre à l'Académie de médecine nous semble intéressante en ce qu'elle établit, de la façon la plus précise, le retentissement que peut avoir, du côté de l'œil, une infection utérine chronique et pour ainsi dire latente.

Il s'agit, en effet, d'un cas d'irido-choroïdite plastique à poussées menstruelles, rebelle à tous les traitements ophtalmologiques et notablement améliorée, du jour au lendemain, par le curettage utérin, alors qu'il existait une endométrite glandulaire chronique à staphylocoques.

Bien que l'amélioration ait été tellement rapide et tellement démonstrative qu'il ne pouvait guère y avoir de doute sur l'in-

(1) Ce travail n'est autre chose que le développement de la note lue par l'un de nous (Dr Vignes) à l'*Académie de médecine de Paris*, le 16 juin 1896, en notre nom collectif.

terprétation des phénomènes, nous avons tenu à suivre régulièrement la malade pendant six mois avant d'en publier l'observation.

Pour donner à notre communication toute la précision qu'il nous est possible d'apporter à l'exposé de ce fait curieux, nous la diviserons en trois parties :

A. — Observation ophtalmologique rédigée par M. Vignes.

B. — Observation gynécologique rédigée par M. Batuaud.

C. — Examen bactériologique et histologique, que nous devons à l'obligeance de M. Lavillauroy, interne des hôpitaux, assistant de la Clinique du Dr Vignes.

PREMIÈRE PARTIE : *Observation ophtalmologique.*

Une jeune femme de 24 ans, mariée en 1891 et mère d'un enfant bien portant (1894), se présente à la consultation de ma clinique en mai 1895. Brune, de taille moyenne, maigrelette, d'un teint pâle, son aspect extérieur indique une santé peu solide. Cependant, en dehors de quelques accidents survenant au moment des règles et dont on trouvera plus loin le détail, elle n'a jamais été gravement malade.

L'œil droit, légèrement myope (4 dioptries) jouit, après correction, d'une acuité visuelle normale (V = 1). Pas de trouble des milieux. Pas de staphylome postérieur. Champ visuel normal.

L'œil gauche, vivement injecté, très douloureux spontanément et à la pression, hypotone (T = — 3) est le siège d'une scléro-irido-choroïdite fibrineuse ayant déterminé l'occlusion à peu près complète de la pupille.

Les douleurs sont tellement vives que la malade, dont la vision gauche est perdue, ne demande qu'à être soulagée et, cela, au prix même de l'énucléation. Le début de l'affection remonte à 1891, époque du mariage de la malade. L'affection procède par poussées successives et, après chacune de ces poussées, l'œil reste plus malade, et cela malgré le traitement mis en œuvre par un confrère.

Avant d'en arriver à l'énucléation que la malade réclame, je prescrivis la révulsion ignée sur le globe oculaire, jointe à l'emploi de l'iode en injections sous-cutanées.

Sous l'influence de ce traitement les douleurs cessèrent, l'injection s'atténua et la sclérotique qui nous avait paru légèrement ectatique dans la région ciliaire, dans son quart externe et supérieur, reprit ses contours habituels, enfin, le tonus sembla un peu relevé. En somme, l'amélioration fut telle qu'en présence d'une légère perception lumineuse qu'accusait la malade, je proposai, le 5 juin, l'iridectomie.

L'excision de l'iris fut faite largement par kératotomie supérieure. Elle rendit possible la reconnaissance des gros objets (la malade compte les doigts à 1 mètre), en même temps que la tension s'élève et diffère peu de celle de l'œil droit, toujours normale.

Les choses en restaient là lorsque, à la fin du mois d'août 1895, la malade revient à nous avec une poussée d'iritis cyclite grave du côté droit jusqu'alors indemne. Synéchies épaisses, trouble de la chambre antérieure, mais surtout flocons du vitré.

Ces accidents se dissipent en quelques jours, pendant lesquels on instille, matin et soir, l'atropine et on administre l'iode.

En septembre, octobre, novembre, mêmes poussées survenant périodiquement pour s'éteindre après quelques jours (une semaine environ) de durée.

La vision décline progressivement et c'est ainsi que l'acuité visuelle tombe à 0,5, puis, jusqu'à 0,2, malgré le traitement. Pendant ce temps, le champ visuel perd de son étendue, d'une façon rapide.

Or, c'est à chaque période cataméniale, dans les deux ou trois jours qui la précèdent, que survient la poussée, procédant chaque fois de la même façon : douleurs vives dans l'œil s'irradiant le long des filets du trijumeau, injection ciliaire, trouble des milieux. L'amélioration se montre dans les quelques jours qui suivent la fin des menstrues et, dans la période intercalaire, la vision se relève, mais restant toujours moindre que le mois précédent.

C'est, comme nous l'avons dit, vers l'époque du mariage de la malade que l'affection a débuté pour l'œil gauche. Une grossesse survient et pendant toute la durée de la grossesse, cet œil cesse de subir des poussées périodiques. Après l'accouchement, dès le retour des règles, nouvelles poussées sur l'œil gauche, puis sur l'œil droit et cela à chaque époque menstruelle.

Ce fait étant bien établi, en présence de l'insuccès du traitement ophtalmologique, je songe à faire examiner la malade au point de vue gynécologique, pour rechercher si l'affection oculaire n'a pas son point de départ dans l'utérus et pour essayer, en désespoir de cause, si le traitement gynécologique pourra améliorer une situation qui devient de jour en jour plus grave.

Le D' Batuaud constate une endométrite glandulaire à staphylocoques et pratique le curettage.

Avant cette opération la vision était tombée à 0,2 ; peu à peu, elle se relève, si bien que, le 20 janvier elle est de 0,4 et le 1er mars de 0,6. Pendant ce temps, les corps flottants ont diminué notablement de nombre dans les milieux transparents et l'amélioration se maintient jusqu'à ce jour (1er juin 1896).

L'amélioration a donc été rapide et tout nous permet d'espérer, après six mois d'observation, qu'elle sera durable.

2e Partie : *Observation gynécologique.*

Mme M., âgée actuellement de 24 ans, adressée par le D' Vignes, qui désire savoir si cette malade est atteinte d'une affection utérine susceptible d'entraîner des accidents oculaires rapportés plus haut (1).

Réglée à 11 ans, régulièrement dès le début. Les règles étaient très peu abondantes, duraient 2 à 3 jours et étaient précédées de vives douleurs.

Pas de maladies aiguës pendant l'enfance.

Pas de pertes blanches étant jeune fille.

Mariée à 20 ans.

Les règles ont continué à être douloureuses jusqu'à la grossesse survenue en 1894 ; la malade n'a pas remarqué qu'elle ait

---

(1) J'acceptai d'autant plus volontiers d'examiner cette malade que, en 1891, j'avais déjà obtenu, par le curettage de l'utérus, pratiqué dans un cas d'endométrite purulente d'origine puerpérale, une amélioration très nette d'une irido-choroïdite suppurative à répétition. Il s'agissait d'une institutrice de la ville de Paris, demeurant rue Dulong, qui, non seulement avait dû cesser tout travail, mais encore ne pouvait sortir sans se faire accompagner ; un mois après le curettage, elle sortait seule et, deux mois après, elle reprenait ses occupations habituelles. Ce qui m'empêcha de publier cette observation, c'est que je ne pus malheureusement pas obtenir les renseignements ophtalmologiques détaillés que je jugeais indispensables. (*Note du Dr Batuaud.*)

eu des pertes blanches ni des douleurs dans le ventre en dehors des douleurs menstruelles.

Grossesse très bonne, terminée par un accouchement à terme, le 15 octobre 1894.

L'accouchement, naturel, est fait, sans précautions antiseptiques, par une sage-femme qui ne s'est lavé les mains ni avant ni pendant l'accouchement, ni avant la délivrance. Telle est vraisemblablement l'origine de l'affection actuelle (nous sommes sans renseignements sur l'état de l'utérus avant la grossesse) et de l'infection staphylococcique constatée à l'examen bactériologique. Néanmoins, il n'y eut ni fièvre bien considérable (la température n'a pas été prise une seule fois), ni nausées, ni ballonnement du ventre, ce qui fait supposer que l'infection n'atteignit ni les annexes, ni le péritoine. Dès les premiers jours qui ont suivi l'accouchement, la malade a commencé à souffrir dans le bas-ventre, autour de l'ombilic, et au niveau de la région lombo-sacrée ; douleurs pas très intenses, mais continues. Lever au bout de 3 semaines et reprise des travaux du ménage. La malade est très affaiblie, et doit, après deux mois d'allaitement, renoncer à nourrir son enfant. Trois semaines plus tard (fin décembre 1894), retour des couches, accompagné d'une poussée du côté des yeux, ainsi que toutes les règles qui ont suivi. Ces règles sont régulières, toujours peu abondantes, mais beaucoup moins douloureuses qu'avant l'accouchement.

Depuis l'accouchement, pertes blanches peu abondantes, mais constituées par un liquide louche, légèrement purulent.

L'examen bi-manuel pratiqué, le 7 novembre 1895, démontre que l'utérus est augmenté de volume, sensible à la pression, en antéversion mobile, le corps légèrement dévié à droite par rétraction du ligament large. Pas de lésions appréciables des annexes. Col déchiré transversalement avec ectropion antérieur. Le curettage d'exploration démontre que la muqueuse de la cavité utérine est notablement augmentée d'épaisseur.

Diagnostic : Sub-involution de l'utérus ; endométrite glandulaire ; endocervicite avec ectropion antérieur. Résidu de paramétrite puerpérale (rétraction très légère du ligament large droit.)

L'examen bactériologique pratiqué par M. Lavillauroy ayant

permis de déceler la présence de staphylocoques blancs et d'un autre microbe non déterminé, il est logique de penser que l'infection utérine est le point de départ des poussées qui se font, à chaque époque menstruelle, du côté des yeux.

Nous attendons, en conséquence, que les règles soient passées et, dix jours plus tard, le 2 décembre 1895, je pratique, avec l'aide des Drs Vignes et Gallot, à la clinique du Dr Vignes, le curettage soigneux de la cavité utérine et le hersage du canal cervical suivi d'un râclage énergique de ce canal. Pour plus de sûreté je termine par une application intra-cervicale de chlorure de zinc à 10 °/₀. Pansement à la gaze iodoformée.

Le pansement est renouvelé tous les quatre jours ; chaque fois on peut s'assurer qu'il n'y a aucune sécrétion pathologique venue de l'utérus.

Le 18 et le 19 décembre 1895, règles à peine marquées.

Le 20 décembre, la malade sort de la clinique et reprend ses occupations habituelles.

La malade n'éprouve plus aucune douleur dans le ventre, ni dans la région lombo-sacrée ; les pertes blanches sont tout à fait taries ; elle peut donc être considérée comme complètement guérie. Néanmoins, par surcroît de précaution, et pour éviter toute chance de réinfection conjugale ou autre, nous la maintenons sous le pansement iodoformé, changé tous les quatre jours, et qu'on retire toujours parfaitement propre jusqu'aux règles suivantes, qui surviennent le 18 janvier 1896.

Ces règles durent deux jours, sont plus fortes qu'il y a un mois, mais néanmoins peu abondantes.

L'état local continue, depuis lors, à être très satisfaisant, et la guérison se maintient.

3ᵉ PARTIE : *Examen bactériologique et histologique du produit de râclage utérin chez une malade atteinte d'irido-choroïdite.*

1° *Examen bactériologique.* Cultures : Présence du staphylocoque blanc. Présence d'un gros bacille ventru indéterminé.

2° *Examen histologique* des morceaux de muqueuse provenant du curettage :

Par places, à la surface de la muqueuse, on trouve un revêtement épithélial formé par une rangée de cellules cylindriques. En d'autres points, ce revêtement épithélial fait défaut, et on constate alors que les parties sous-jacentes, présentent un grand nombre de cellules embryonnaires.

Dans les parties profondes, on est frappé du développement considérable des glandes qui sont tapissées par un épithélium cylindrique. Dans les glandes les plus développées, on voit un exsudat réticulé au milieu duquel on remarque des parties grenues, des leucocytes, des filaments provenant de la coagulation de la sécrétion de ces glandes.

Enfin, autour de ces glandes, la muqueuse présente une congestion intense, avec multiplication cellulaire abondante, présence d'un grand nombre de cellules embryonnaires.

Il s'agit donc d'une métrite parenchymateuse avec inflammation violente de toutes les parties constituantes de la muqueuse, inflammation ayant débuté par les glandes, et s'étant propagée de là aux parties voisines.

Résumé et Conclusions.

En résumé, voilà une malade qui subit du côté de l'œil gauche d'abord, puis, du côté de l'œil droit, une série de poussées d'irido-choroïdite au moment des règles. Le traitement ophtalmologique est impuissant à arrêter l'évolution de la maladie. L'acuité visuelle est tombée à 0,02 du côté l'œil droit, le moins atteint et le dernier touché.

L'examen gynécologique ayant démontré qu'il existe une endométrite glandulaire chronique à staphylocoques, on songe à rattacher l'affection oculaire à l'infection utérine. Le curettage utérin est pratiqué, l'acuité visuelle monte progressivement à 0,6 et les corps flottants dans les milieux oculaires diminuent notablement de nombre.

L'amélioration se maintient encore, six mois après l'intervention utérine.

Nous croyons donc pouvoir formuler logiquement les conclusions suivantes :

1° *En présence d'une affection oculaire à poussées menstruelles, il y a lieu de procéder à un examen gynécologique, alors même* que la malade n'accuse pas de symptômes bien nets du côté de l'appareil utéro-ovarien.

2° S'il existe une endométrite infectieuse, cette dernière, fût-elle presque latente, peut être la cause des accidents observés du côté de l'œil.

3° Notre observation démontre, en particulier, qu'une endométrite chronique à staphylocoques peut donner naissance à une irido-choroïdite plastique.

4° La désinfection de l'utérus, que le curettage surtout permet d'obtenir aussi complète que possible, peut, dans ce cas, amener une amélioration très notable et persistante de l'irido-choroïdite, alors que le traitement ophtalmologique n'a pu arrêter l'évolution de l'affection oculaire.

Principales publications du D' VIGNES

Note sur le décentrage des verres de lunettes. (*Archives d'ophtal-mologie*, 1888.)

Des ostéomes sous-conjonctivaux. (Société française d'ophtalmo-logie, 1889)

Papillite consécutive à l'influenza. (Société d'ophtalmologie de Paris, 1890.)

Irito-capsulotomie. (Congrès de Berlin, 1890.)

Quelques mots sur les cataractes secondaires. (*Recueil d'ophtal-mologie*, Paris, 1889.)

Kyste dermoïde de l'orbite. (Société française d'ophtalmologie, 1891.)

Myopie dans les Écoles. (Société d'ophtalmologie de Paris, 1891.)

Traitement des ulcères graves de la cornée. (Société française d'ophtalmologie, 1892.)

Traitement du pannus cornéen par l'antipyrine. (*Recueil d'ophtal-mologie*, 1892.)

Ulcération tuberculeuse de la conjonctive. (Société d'ophtal-mologie de Paris, 1892.)

Dispositif pour faciliter les expériences stéréoscopiques. (So-ciété française d'ophtalmologie, 1893.)

Chancres syphilitiques oculaires. (*Progrès médical*, 1893.)

Thérapeutique de la conjonctivite granuleuse. (*Journal des pra-ticiens*, 1893.)

Nevro-papillite optique de causes traumatiques. (*Journal des Praticiens*, 1894.)

Ophtalmoplégie traumatique. (Société d'ophtalmologie de Paris, 1894.)

Iritis tuberculeuse. (Congrès de Rome, 1894.)

Névrite rétro-bulbaire par syphilis héréditaire tardive. (Société française d'ophtalmologie, 1894.)

Des indications opératoires dans le traitement du strabisme. (*Presse médicale*, 1895.)

Traitement de la conjonctivite purulente. (*Progrès médical* 1895.)

Calcul du grossissement des images ophtalmoscopiques. (So-ciété française d'ophtalmologie, 1895.)

Technique de l'exploration oculaire. (gr. in-octavo 420 pages, 216 figures. Maloine, éditeur, Paris.)

Traitement de l'iritis tuberculeuse par le gaïacol. (Société oph-talmologique, Paris 1896.)

Clermont (Oise) — Imp. Daix frères, 3, place Saint-André.

www.ingramcontent.com/pod-product-compliance
Lightning Source LLC
Chambersburg PA
CBHW061627050726
47595CB00007B/3075